BEI GRIN MACHT SICH IHR WISSEN BEZAHLT

- Wir veröffentlichen Ihre Hausarbeit, Bachelor- und Masterarbeit

- Ihr eigenes eBook und Buch - weltweit in allen wichtigen Shops

- Verdienen Sie an jedem Verkauf

Jetzt bei www.GRIN.com hochladen und kostenlos publizieren

Bibliografische Information der Deutschen Nationalbibliothek:

Die Deutsche Bibliothek verzeichnet diese Publikation in der Deutschen Nationalbibliografie; detaillierte bibliografische Daten sind im Internet über http://dnb.d-nb.de/ abrufbar.

Dieses Werk sowie alle darin enthaltenen einzelnen Beiträge und Abbildungen sind urheberrechtlich geschützt. Jede Verwertung, die nicht ausdrücklich vom Urheberrechtsschutz zugelassen ist, bedarf der vorherigen Zustimmung des Verlages. Das gilt insbesondere für Vervielfältigungen, Bearbeitungen, Übersetzungen, Mikroverfilmungen, Auswertungen durch Datenbanken und für die Einspeicherung und Verarbeitung in elektronische Systeme. Alle Rechte, auch die des auszugsweisen Nachdrucks, der fotomechanischen Wiedergabe (einschließlich Mikrokopie) sowie der Auswertung durch Datenbanken oder ähnliche Einrichtungen, vorbehalten.

Impressum:

Copyright © 2012 GRIN Verlag, Open Publishing GmbH
Druck und Bindung: Books on Demand GmbH, Norderstedt Germany
ISBN: 978-3-668-06875-9

Dieses Buch bei GRIN:

http://www.grin.com/de/e-book/308539/stimmhygiene-wie-halte-ich-meine-stimme-gesund

Gesine Ueberfeldt

Stimmhygiene. Wie halte ich meine Stimme gesund?

GRIN Verlag

GRIN - Your knowledge has value

Der GRIN Verlag publiziert seit 1998 wissenschaftliche Arbeiten von Studenten, Hochschullehrern und anderen Akademikern als eBook und gedrucktes Buch. Die Verlagswebsite www.grin.com ist die ideale Plattform zur Veröffentlichung von Hausarbeiten, Abschlussarbeiten, wissenschaftlichen Aufsätzen, Dissertationen und Fachbüchern.

Besuchen Sie uns im Internet:

http://www.grin.com/

http://www.facebook.com/grincom

http://www.twitter.com/grin_com

Stimmhygiene – Wie halte ich meine Stimme gesund?

Verfasserin: Gesine Ueberfeldt

Sommersemester 2012

Stimmkunde

Inhaltsverzeichnis

1 **EINLEITUNG** 1

2 **DEFINITION STIMMHYGIENE** 1

3 **EINFLÜSSE AUF DIE STIMME** 2

    3.1 ATMUNG UND HALTUNG 2

    3.2 PSYCHISCHE VERFASSUNG 3

4 **GESUNDERHALTUNG DER STIMME** 3

    4.1 PROPHYLAKTISCHE MAßNAHMEN 3

    4.2 HERANGEHENSWEISE BEI STIMMAUFFÄLLIGKEITEN 6

5 **STEIGERUNG DER GESANGLICHEN LEISTUNGSFÄHIGKEIT** 7

6 **STIMMHYGIENE IN DER GRUNDSCHULE** 7

7 **FAZIT** 9

QUELLENVERZEICHNIS 10

1 Einleitung

Die vorliegende Hausarbeit befasst sich mit der Thematik der Stimmhygiene sowie mit der Gesunderhaltung der Stimme.

Ich habe mich besonders für dieses Thema interessiert, da ich mich aus der Sichtweise einer angehenden Lehrerin, veranlasst sah, einem solchen Thema große Bedeutung zuzuweisen, weil ich um die große Belastung der Stimme im Schulalltag beim Sprechen sowie beim Singen weiß. Nicht selten erlebt man bereits junge Lehrkräfte, die ihre Stimme überanstrengen oder sehr oft erkältet sind, was sich langfristig in Stimmstörungen äußert. Die Stimme ist Grundlage menschlicher Kommunikation und ist darüber hinaus auch immer Ausdruck unserer Persönlichkeit und unserer Stimmungen. Auch für die Gesangsausbildung spielt Stimmhygiene eine zentrale Rolle. Eine Sängerstimme kann sich nur mit fundiertem Wissen, konstruktiver Arbeit und guter Pflege positiv entwickeln. Aus diesen Gründen ist es für mich wichtig, genau zu wissen, wie man sie optimal erhalten und weiterbilden kann. Nur so kann ich meinen Beruf langfristig ausüben, ohne Bedenken über eine Gefährdung oder gar einen Verlust des Arbeitsplatzes haben zu müssen. Außerdem tragen Lehrkräfte auch die Verantwortung für die Gesunderhaltung der Schülerstimmen, die nicht wissen können, was gut für ihre Stimme ist und können mit dem Wissen über Stimmhygiene optimal unterrichten.

2 Definition Stimmhygiene

Das Wort „Hygiene" lässt sich aus dem griechischen Wort „Hygieinos" ableiten und kann mit „heilsam" oder „der Gesundheit zuträglich" übersetzt werden.[1]

Der Begriff der Stimmhygiene bezieht sich demnach auf alle Maßnahmen, die zur Gesunderhaltung der Stimme beitragen[2] und somit die Stimme in ihrer Funktionstüchtigkeit optimal unterstützen[3]. In diesem Zusammenhang wird ausdrücklich darauf hingewiesen, welch große Bedeutung die

---

[1] Vgl. Tesche (2006), S. 19
[2] Vgl. Bigenzahn; Friedrich; Zorowka (2008), S. 111
[3] Vgl. Kutej (2011), S. 39

Prävention in der Stimmhygiene hat. Mit der Einhaltung stimmhygienischer Regeln werden Stimmkrankheiten vermieden und jede Prophylaxe ist wirkungsvoller als sämtliche Therapien. Dabei ist es wichtig, bereits im Kindesalter seiner Stimme hohe Aufmerksamkeit zu schenken und diese bis in das fortgeschrittene Alter nicht zu vernachlässigen.[4] Weiterhin sind auch Maßnahmen gemeint, die zur Leistungssteigerung der Stimme führen und solche, die versuchen, Stimmstörungen schon im Vorhinein zu vermeiden.[5]

3 Einflüsse auf die Stimme

3.1 Atmung und Haltung

Eine optimale Körperhaltung veranlasst eine ungehinderte Atmung.[6] Durch diese Wechselwirkung kann eine gute Stimmproduktion ermöglicht werden. In stehender Haltung sollten die Füße hüftbreit auseinander stehen, die Knie und Beine gelockert sein, der Bauchraum entspannt sein, der Oberkörper aufgerichtet sein und der Nacken und die Kiefermuskulatur locker sein. Bei einer sitzenden Haltung ist darauf zu achten, dass sowohl Füße und Beine als auch Rücken im jeweils rechten Winkel zueinander stehen, der Bauchraum bei einer leichten Beckenvorlage entspannt ist und der Oberkörper frei von Anlehnungsmöglichkeiten getragen wird. Wird verstärkt eine gebeugte Haltung eingenommen, beeinflusst diese die Atmung.[7] Brustkorb und Zwerchfell können sich nur noch eingeschränkt bewegen, was zu einer Verkleinerung des Atemvolumens führt und Bewegungen beim Ausatmen stark beeinträchtigt. Fehlerhaftes Ausatmen wirkt sich negativ auf die Spannung im Kehlkopf aus; diese wird zu hoch und es können Stimmstörungen entstehen. Auch ein Anheben der Schultern beim Einatmen verhindert eine tiefe Bauchatmung und führt zu einer verengten und verspannten Kehle. Es ist demnach wichtig, dass die Atmung frei und durch die Nase erfolgt, sodass die Luft erwärmt und von eventuellen Schadstoffen gereinigt werden kann.[8] Beim Singen sollte mit

---

[4] Vgl. Bigenzahn; Friedrich; Zorowka (2008), S. 111
[5] Vgl. Seidner; Wendler (1997), S. 256
[6] Vgl. Bigenzahn; Friedrich; Zorowka (2008), S. 114 ff.
[7] Vgl. Seidner; Wendler (1997), S. 56 f.
[8] Vgl. Tesche (2006), S. 21 f.

zum „A" geöffnetem Kiefer/Mund geatmet werden. Ebenso spielt es eine Rolle, keine einengende Kleidung zu tragen, die die Thorax- und Zwerchfelltätigkeit einschränken könnten oder zu reichliche beziehungsweise blähende Speisen direkt vor dem Singen zu essen, was sich negativ auf die Atmung auswirken kann.

3.2 Psychische Verfassung

Tagtäglich begleiten uns Situationen, die sich positiv oder negativ auf unser Gesamtbefinden auswirken und so unsere Stimmung beeinflussen. „Jeder ‚Stimmträger' ist zugleich ‚Stimmungsträger', und jede stimmliche Äußerung drückt stets auch eine Stimmung aus."[9] Besonders beim Singen, aber auch beim normalen Sprechen spiegelt die Stimme durch ihren Klang und ihrer Tonhöhe die aktuelle Stimmung des Sprechers/Sängers wieder.[10] Durch die Stimme kommen unsere psychische Verfassung, wie zum Beispiel Stress oder Konflikte, als auch hohe Leistungsanforderungen in Beruf oder Familie, aber auch Freude zum Ausdruck. Auch die Körperhaltung reflektiert das Gesamtbefinden und wirkt sich auf die Körperspannung aus. Bei Müdigkeit und Erschöpfung ist zu beobachten, dass der Rücken rund gemacht wird, die Schultern fallen nach vorne und die Stimme klingt leise, matt und schwach. Im Gegensatz dazu, kommt bei freudigen Menschen eine aufgerichtete Haltung und eine volle, kräftige Stimme zum Ausdruck.

4 Gesunderhaltung der Stimme

4.1 Prophylaktische Maßnahmen

Zu Beginn ist ein ausgeglichener Lebensrhythmus für die Gesundheit der Stimme von Bedeutung.[11] Dazu gehören ausreichend Schlaf und Erholungsanteile im Alltag sowie die Sensibilität, Belastungen zu erkennen und diese zu mindern, als auch das zeitnahe Lösen von erdrückenden Konflikten.

---

[9] Seidner; Wendler (1997), S. 17
[10] Vgl. Tesche (2006), S. 19 f.
[11] Vgl. Tesche (2006), S. 21

Somit werden nicht nur das Wohlbefinden und die Psyche gestärkt, sondern auch positive Auswirkungen auf die Leistungsfähigkeit erzielt.

Grundlegend für eine gesunde Stimme ist -wie schon in Kapitel 3.1 beschrieben- die aufgerichtete Körperhaltung und die damit eng verbundenen Auswirkungen auf die freie, tiefe Atmung.[12] Um die Atmung nicht einzuschränken, sollte die Kleidung nicht zu eng gewählt werden. Außerdem kann die Atmungsaktivität auch durch Bewegung an frischer Luft oder leichter sportlicher Betätigung gefördert werden. Allerdings sollte beim Reden im Freien bei trockener, kalter Luft darauf geachtet werden, dass durch die Nase geatmet wird.[13] Diese angewärmte Atemluft ist schonender für Kehlkopf und Lungen. Die Mundatmung kann bei kalter Außenluft eine starke Belastung für Rachen und Stimmlippen darstellen. Sport führt zur besseren Durchblutung, tieferer Atmung und erhöhter Muskelaktivität.[14] Diese Komponenten können sich positiv auf die Qualität der Stimme auswirken. Außerdem wird durch Sport die Körperhaltung verbessert, welche die Grundlage des Singens/Sprechens darstellt. Während des Sprechens sollten Atempausen eingehalten werden. Nach Luft zu schnappen sowie das Sprechen während der Einatmung sollte vermieden werden. Eine gesunde Atmung ist zusätzlich vom Raumklima abhängig. Räume mit zu geringer Luftfeuchtigkeit oder starker Luftverschmutzung, wie durch Staub, Rauch, Abgase oder chemische oder organische Substanzen (bspw. Schimmelpilze), sind für die Atmung hinderlich. Es besteht das Risiko zu Schleimhautschädigungen und infolgedessen zu Stimmstörungen.

Auch die Ernährung hat Auswirkungen auf die Gesunderhaltung der Stimme und deren beteiligte Organe. So können bspw. Konservierungsstoffe zur Übersäuerung des Magens und zum Rückfluss des sauren Mageninhalts führen (Sodbrennen, Reflux), was sich in Schädigungen der Stimmlippenschleimhäute niederschlägt. Weiterhin ist bei sehr kalten/heißen/scharfen Speisen und Getränken Vorsicht geboten, weil sie

---

[12] Vgl. Tesche (2006), S.21 ff.
[13] Vgl. Habermann (1986), S. 231
[14] Vgl. Habermann (1986), S. 234

auch zu Schleimhautreizungen führen können und somit die Stimmlippen schädigen können. Außerdem sollte vor dem Singen auf zu reichliche und blähende Speisen verzichtet werden, weil dadurch die Zwerchfellaktivität beeinträchtigt werden kann. Auch bei der Flüssigkeitsaufnahme sollte für die erforderliche Schleimhautpflege darauf geachtet werden, möglichst 1,5 bis 2 Liter Wasser, Tee oder Säfte zu sich zu nehmen. Der übermäßige Konsum von Kaffee ist nicht empfehlenswert, da er dem Körper Flüssigkeit entzieht sowie das zu häufige Trinken von Tees, die ätherische Öle enthalten (Pfefferminze/Kamille), weil sie die Schleimhäute stark austrocknen können. Kaffee und Tee in Maßen stellt wiederum keine Einschränkungen dar.[15] Von alkoholischen Getränken wird abgeraten, da sie zu Schleimhautreizungen führen.

Weitere Schadstoffe, wie das Rauchen führen zu Schleimhautschädigungen.[16] Insbesondere sind hier entzündliche Schleimhautveränderungen zu nennen, wie bspw. Reizzustände der Kehlkopf-, Luftröhren- und Bronchialschleimhaut (chronische Bronchitis) oder auch Trockenheit. Nicht zuletzt kann Rauchen auch Krebsbefall der Atemwege verursachen. Auch bestimmte Medikamente haben Nebenwirkungen, die sich negativ auf die Schleimhaut auswirken und demzufolge Gewebsveränderungen an den Stimmlippen auslösen können.

Bei großer stimmlicher Belastung ist es wichtig, in der Indifferenzlage zu sprechen (nicht zu hoch und nicht zu tief). Es sollte die individuell angepasste Sprechtonhöhe beachtet werden. Häufiges Schreien, Ankämpfen gegen Geräuschkulissen, aber auch Flüstern sind stimmschädigend. Wichtig ist eine deutlich artikulierte Aussprache, um die Verständlichkeit in der Kommunikation stimmschonender zu erreichen. Auch häufiges Räuspern und Husten stellt eine erhöhte Kehlkopfbelastung dar und ist schädlich für die Stimmlippen. Es wird geraten, alternativ einige Schlucke Wasser zu trinken und der Stimme immer wieder angemessene Erholungsphasen zu gönnen.

---

[15] Vgl. Habermann (1986), S. 230
[16] Vgl. Tesche (2006), S. 23 ff.

Eine weitere vorbeugende Maßnahme zur Gesunderhaltung der Stimme ist die der Abhärtung, wodurch nicht nur Erkältungen vorgebeugt werden kann, sondern auch die körperliche und stimmliche Leistungsfähigkeit allgemein gestärkt wird.[17] Praktisch kann sich das in Wechselduschen äußern oder in Saunagängen, wobei man beachten sollte, direkt nach dem Saunieren einige Stunden nicht intensiv zu sprechen oder zu singen, weil die Stimmlippenschleimhaut sich durch die feucht-heiße Luft in einem aufgeweichten Zustand befindet und sich regenerieren muss.

4.2 Herangehensweise bei Stimmauffälligkeiten

Im Falle einer Überanstrengung des Stimmapparats oder einer Erkältung muss die Stimme geschont werden.[18] Es sollte nach Möglichkeit geschwiegen werden oder aber -falls nötig- nur langsam, deutlich, leise und mit Pausen gesprochen werden. Das Flüstern sollte unterlassen werden. Stark gepresster Husten und Räuspern ist nicht ratsam und sollte vermieden werden. Die Stimme benötigt in solchen Fällen 2-2,5 l Flüssigkeit pro Tag, wobei die Getränke weder zu kalt noch zu heiß sein dürfen. Bei Erkältungen gilt es, die Nase freizuhalten. Die Nasenatmung ist wichtig, damit die Schleimhäute im Rachenbereich nicht austrocknen. Dies kann durch Kopfdampfbäder mit Salzwasser erreicht werden. Die Verwendung von Kamille ist nicht zu empfehlen, da die darin enthaltenen ätherischen Öle die Schleimhäute austrocknen können. Ebenso ist der Gebrauch von Lutschtabletten mit Vorsicht zu betrachten, weil diese auch ätherische Öle enthalten können. Zu empfehlen sind zum Beispiel Salbei- oder Thymianbonbons, die durch das vermehrte Schlucken eine Austrocknung der Schleimhäute verhindern können. Weiterhin eignen sich auch schleimlösende Mittel wie Fenchel-, Salbei- oder Thymian-Tee (oder –Sirup oder –Tropfen). Letztendlich sollte bei langwierigeren Erkältungen und Beeinträchtigungen der Stimme immer ein Arzt aufgesucht werden.

---

[17] Vgl. Habermann (1986), S. 232
[18] Vgl. Tesche (2006), S. 25 f.

5 Steigerung der gesanglichen Leistungsfähigkeit

Während des Singens ist es wichtig, den sogenannten Glottisschlag (übermäßige Kontraktion der Verschlussmuskulatur des Kehlkopfes), ebenso wie einen übermäßig harten Einsatz zu vermeiden.[19] Durch die Erhöhung des subglottischen Drucks werden die Stimmlippen mit Gewalt gegeneinander gepresst, wodurch langfristig ein Schaden in Form von Sängerknötchen entstehen kann. Weiterhin sollte auch übermäßige Muskelkontraktion in Hals und Nacken vermieden werden.[20] Der Kehlkopf wird hierbei nach oben gezogen und der Halsraum verengt sich, was eine Verminderung des Resonanzraumes nach sich zieht. Außerdem ist es wichtig, die eigene Stimmgattung nicht nach oben oder nach unten zu überschreiten, da die Stimme dadurch so stark beansprucht würde, dass es zu Sängerknötchen kommen könnte. Ebenso ist ein zu lautes und zu häufiges Singen für die Stimme schädlich. Es führt zur Überanstrengung der Kehlkopfmuskeln, die infolgedessen langfristig nicht mehr die Kraft aufbringen können, ihre Funktion, die Stimmlippen zu spannen, auszuüben. Genauso ist eine zwanglose und spannungsfreie Atmung für die Stimme notwendig, um stets ausreichend Luft für das Singen zur Verfügung zu stellen. Schließlich sind eine gute Artikulation und regelmäßiges Einsingen und Üben grundlegend für einen erfolgreichen Gesang.

6 Stimmhygiene in der Grundschule

Der Lehrer hat die Aufgabe, Schüler im rechtmäßigen Umgang mit ihrer Stimme zu unterrichten und zu betreuen, da von den Schülern das stimmtechnische und –hygienische Wissen nicht vorausgesetzt werden kann.[21] Zu Beginn ist der Atmung besondere Aufmerksamkeit zu schenken. Oft ist eine falsche Atmung, wie die hohe Brustatmung, das schnelle und stoßweise Ausströmenlassen des Atems, die Brust- und Schlüsselbeinatmung sowie die hörbare Einatmung zu beobachten.[22] Zur Korrektur empfehlen sich Haltungstraining und Atemübungen. Auch Verspannun-

---

[19] Vgl. Habermann (1986), S. 235 f.
[20] Vgl. Habermann (1986), S. 236 ff.
[21] Vgl. Hofbauer (1978), S. 98
[22] Vgl. Habermann (1986), S. 248 f.

gen im vorderen Mundbereich, wie einer zu geringen Lippenausformung oder Kieferöffnungsweite kann durch genügend artikuliertes Sprechen vorgebeugt werden. Weiterhin sollte der natürliche, individuelle Stimmumfang jeden Kindes nicht überschritten werden. Folglich würden die Muskeln überspannt werden, die Töne gepresst klingen und die Stimme des Kindes würde schnell überanstrengt und ermüden. Nicht selten führt dies zu Heiserkeit. Um dem entgegen zu wirken, sollte zu Beginn der gesanglichen Ausbildung der Stimmumfang jedes Kindes festgestellt werden, um eine ordnungsgemäße Einstufung der Stimmlage zu gewährleisten.[23] Ebenso sollte ein zu lautes Singen vermieden werden, wie auch ein falscher Tonansatz und Stimmeinsatz. Außerdem führt auch zu langes Üben zu Überanstrengung der Stimme. Eine wichtige Grundvoraussetzung für effektiven Gesangsunterricht (Chor) in der Schule ist, dass der Unterricht nicht nach der Sportstunde oder am späten Vormittag stattfindet, wenn die Schüler schon erschöpft sind. Generell sollte im Alltag des Kindes darauf geachtet werden, dass sie nicht ständig zu laut sprechen, da dies zu übermäßigem Druck und unnatürlich hartem Stimmeinsatz führen kann, was sich nicht zuletzt in Phonationsverdickungen („Schreiknötchen") auswirkt.[24]

Das Singen während des Stimmwechsels erfordert eine besondere Betreuung.[25] Keinesfalls sollte jetzt mit dem Singen komplett aufgehört werden; viel sinnvoller sind gezielte Übungen, die die Stimme in Umfang und Stimmkraft nicht überfordern. Dazu gehört die Auswahl von Liedern, die den Umfang von einer Oktave nicht überschreiten. Diese Oktave sollte sich in der individuellen Stimmlage befinden. Außerdem ist es wichtig, nur mit geringstem Energieverbrauch (nicht zu laut, aber auch nicht zu leise) zu singen und die Stimme eher zur unteren Grenze des Stimmumfangs einzusetzen.

---

[23] Vgl. Habermann (1986), S. 249 ff.
[24] Vgl. Seidner; Wendler (1997), S. 260 f.
[25] Vgl. Habermann (1986), S. 247

7 Fazit

Diese Arbeit hat über die wichtigsten Einflüsse auf die Stimme sowie prophylaktische Maßnahmen zur Gesunderhaltung der Stimme und Herangehensweisen bei akuten Stimmauffälligkeiten informiert. Außerdem hat sie Möglichkeiten zur gesunden Weiterentwicklung der Singstimme aufgezeigt und besondere Vorgehensweisen in der Gesangsausbildung von Grundschülern berücksichtigt. Es ist wünschenswert, dass jene Punkte auf große Beachtung stoßen und zusätzlich umgesetzt werden. Voraussetzung dafür ist ein achtsamer Umgang mit der eigenen Stimme, sodass noch lange Freude am Singen bestehen kann.

Quellenverzeichnis

Bigenzahn, Wolfgang; **Friedrich**, Gerhard; **Zorowka**, Patrick (2008): Phoniatrie und Pädaudiologie. Einführung in die medizinischen, psychologischen und linguistischen Grundlagen von Stimme, Sprache und Gehör, 4., korrig. Auflage, Bern

Habermann, Günther (1986): Stimme und Sprache. Eine Einführung in ihre Physiologie und Hygiene, 2., überarbeit. Auflage, Stuttgart

Hofbauer, Kurt (1978): Praxis der chorischen Stimmbildung. Bausteine für Musikerziehung und Musikpflege, Band 33, Mainz

Kutej, Waltraud (2011): Prävention von Stimmstörungen. Die Stimme als wichtiges Arbeitsinstrument in Sprechberufen, Idstein

Seidner, Wolfram; **Wendler**, Jürgen (1997): Die Sängerstimme. Phoniatrische Grundlagen der Gesangsausbildung, 3., erweiterte Auflage, Berlin

Tesche, Bianca (2006): Stimme und Stimmhygiene. Ein Ratgeber zum Umgang mit der Stimme, Idstein

BEI GRIN MACHT SICH IHR WISSEN BEZAHLT

- Wir veröffentlichen Ihre Hausarbeit, Bachelor- und Masterarbeit

- Ihr eigenes eBook und Buch - weltweit in allen wichtigen Shops

- Verdienen Sie an jedem Verkauf

Jetzt bei www.GRIN.com hochladen und kostenlos publizieren